妻のトリセツ「あなたの夫度チェック」

チェック	診断
	妻の細かい小言に、心が削られる。
	「スマホばっかり見ていて、私の話を聞かない」と怒られたことがある。
	靴下を丸めたまま洗濯機に入れたらなぜダメなのかわからない。
	なぜ何年も前のことを、ずっと持ち出して怒られるのかわからない。
	つい「おかず、これだけ？」と聞いてしまう。
	自分もちゃんと家事をやっていると思う。なぜならゴミ出しは自分の担当だからだ。
	ついついソファで寝落ちしてしまい、怒られがち。
	妻に「今日はなにしてたの？」と聞くのが、なぜ悪いかわからない。
	しばしば妻に「いったよね？」と怒られる。
	家ではボーッとして、できればなにも考えたくない。
	なぜ共感が大事なのかわからない。
	妻に「あなたは気がきかない」と怒られる。
	妻に買い物を頼まれると、とりあえず高い物を買ってくる。
	いっしょに買い物に出かけると、妻の寄り道にイラッとする。
	自分の母親と妻が対立したときは、自分は中立でいたい。
	妻は理不尽だと思う。

結果

プロ夫 該当項目 ゼロ	非常に高い女性脳の理解度です。姉妹に囲まれて育った、親類が女性ばかりだったという人に出現するパターンですが、こうした人は女性ばかりの職場でもうまく立ち回ったりして、ウケがいい。異性の友人も多かったり、バイトをしても年配の女性からかわいがられたりします。反面、男性からはやっかまれることもあったりします。
良夫 1～5点	姉妹がいたり、共学で、部活も男女が所属するクラブ出身者だったり。男性の平均的女性脳理解度です。もともと基礎レベルでは素養はあるので、直感ではなく、きちんと脳科学にもとづいて理解を深めると、人間関係の質はさらに向上することでしょう。
ダメ夫 6～10点	かなりの危険水準です。男兄弟しかいなかった、男子校出身、男子ばかりの部活だった、という人に多く見られるパターンですが、もともと女性とのつきあいは得意ではなく、デートに誘うのも一大決心が必要だったタイプ。一方、同性の友だちは多くコミュ力は十分にある。しかし無理解のために、悪意なく彼女、妻の心を傷つけてしまうことも。女性脳への理解を深めたいところです。
ダメダメ夫 11点以上	危機はすぐそばにあります。ずっと実家に住んでいて、一人暮らしをしたことがない、あるいは、お母さんが「男は使えない」と割り切っていて、自分がぜんぶやっていた、などの家庭出身者に見られます。優秀な男子脳の持ち主で、職場においては魅力的な人物だったりするのですが、現代の家庭像は日々変化しています。できるだけ早く、認識をアップデートすることをお勧めします。

まんがでわかる

妻のトリセツ

黒川伊保子
堀田純司　シナリオ
井上菜摘　漫画

講談社

企画・編集　QUESTO［黒田 剛］堀田純司
装丁・本文デザイン　ARTEN［中村忠朗　藤井敬子］

まんがでわかる
妻のトリセツ
CONTENTS

登場人物紹介

早川雅樹と早川綾

雅樹。中堅文房具メーカーの総務部で働いている。自他ともに認めるフツメンで、女性と話すのがそんなに得意ではないタイプだった。妻の綾とは社会人になってから知り合う。実はホラー映画のファンだが、妻が恋愛映画好きのため、夜中にひとりで観ている。井口章とは学生時代からの親友。

綾。旧姓は吉田。もともと旅行会社で企画を担当していたが、職場の人間関係に馴染めず退職。今は専業主婦。大学までずっと女子校育ちで恋愛は奥手だったが、雅樹の優しいところに惹かれる。文学部出身。なんとなくいつか小説を書いてみたいと思っているが、実際にはまだ書き始めてもいない。

井口章と井口由真

章。印刷会社の営業。残業も多い仕事だが、精力的に働いていて、上司の信頼もあつく、後輩からも頼りにされている。もともと体育会サッカー部出身で、今も横浜のクラブのサポーター。学生時代はけっこう遊んでいた。実際、モテるタイプでもある。ただ最近は、30代になってお腹が出てきたのが悩み。

由真。旧姓は平山。章とは同い年。飲み会で出会った章に猛烈に迫られてつきあうことになる。もともと保険会社のOLだったが結婚を機に退職。娘の舞衣が幼稚園に入ってから、近所のスーパーでパートをはじめる。正社員にならないかと誘われるくらい有能で、彼女がいないと売り場が回らない。

Lesson1 理不尽な妻に対処する方法

いったよね？
早川《はやかわ》綾《あや》
ご、ごめん
早川雅樹《まさき》
靴下を丸めたまま洗濯機に入れないでってなんどもいったよね？
いってくれたら俺が洗濯するけど……
ごめんなさい
あの……
なによ
なにそれ？
悪かったわね役に立たない奥さんで

妻は変わった
結婚したころは
優しかったのに
妻は変わった

チュン
チュン
おはよう
おはよ
行ってきまーす
ガチャ…
……
妻は変わってしまった

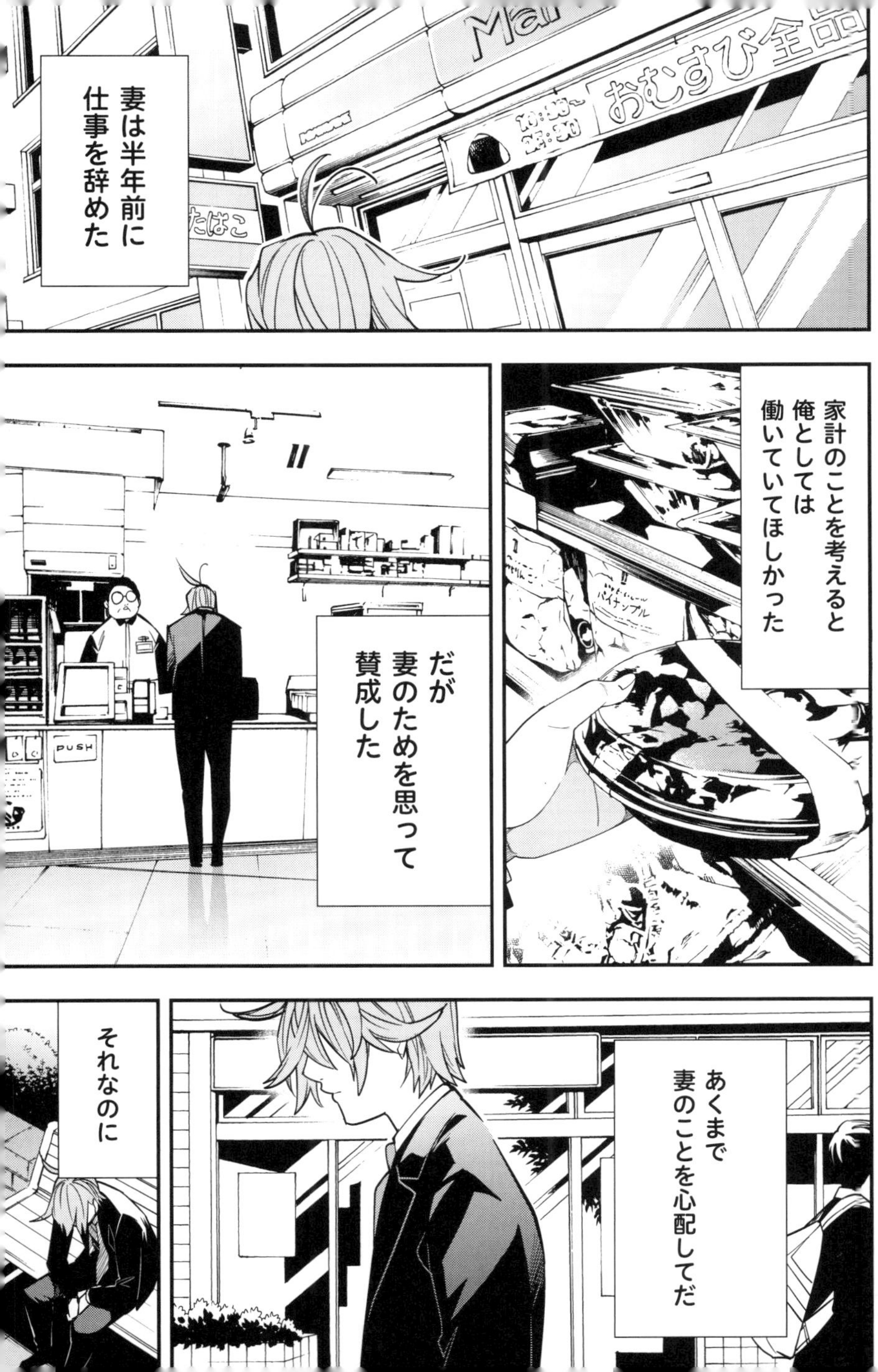
おむすび全品
たばこ
妻は半年前に
仕事を辞めた
家計のことを考えると
俺としては
働いていてほしかった
パイナップル
だが
妻のためを思って
賛成した
PUSH
あくまで
妻のことを心配してだ
それなのに

はっきりいおう
妻はあまりにも理不尽だ
いつか
あの優しかった妻に戻ってくれるのだろうか
っていうか

完全に別人になったね
井口章《いぐちあきら》
どう変わった？
ガヤ
娘ができてから見た目にこだわらなくなった
平気でおばちゃんみたいなかっこうしてさ
由真《ゆま》さん美人なのにな今働いてるんだっけ？
前はフルタイムだったけど今は昼に5時間パートやってる
ガヤガヤ
それはいいとしてとにかく怒りっぽくなったな
服を脱ぎっぱなしにするな
手を洗え
メシは残すな
風呂に入れ
足が臭いっ
それもすごい細かいことで怒るんだよ
ずっと小言をいわれっぱなし！
はぁ…

一日働いて家に帰るとさ なにも考えずにぼーっとしていたいじゃん？
でもソファで寝落ちすると女ってなんであんなに怒るんだろうな？
はぁ…
「いったよね？」
そうそれっ！「いったよね？」ソファで寝るなっていったよね？
あれ言われるとほんと萎えるよな
こないだなんかさ 小学生の娘に「パパ テレビつけたまま寝ないでっていったよね？」って怒られたよ
それが嫁さんに生き写しの口調で 俺 泣きそうになったよ
で おまえのほうはどうなんだよ 奥さん仕事辞めちゃったんだよな
そうなんだよ 給料よかったのに
職場の人間関係に疲れたみたいで ちょっと体をおかしくしちゃった
仲はいいんだろ？

ぜんぜん
仕事を辞めてから なんかおかしくてさ
自分の居場所が……
そんなん じゃない
明日朝から 会議なんだ
GO WAY
仕事に戻れば いいじゃん
主婦やってても いいし
あなたは私を わかってない
プイッ
私のことなんか どうでもいいんだ
ほんともう どうしろと? なあ 俺に どうしろと?
ドンッ
俺にいうなっ! 奥さんにいえ!
このところメシも ろくにつくって くれなくてさ
野菜を食べるために コンビニで サラダ買って 出勤してるんだよ俺
やめろ 俺まで 泣けてくる ……
コンプライアンス講習会で 習ったんだけど アメリカの学者には 「男と女は別の種の動物と 考えるべき」という人も いるんだってよ
俺は賛成だな だって こんなにも わかりあえないんだから
しんみり…

俺なんか嫁さんの妊娠中に後輩の女の子と食事に行ったこといまだに責められるんだけど
ただの食事だよ？でも「精神的な浮気だ」とかいまだに怒る
でも本音は下心もあったんだろ？
まあないいパンツははいていったけどな
実際は彼氏との恋愛相談でメシ代もこっち持ち
あれで責められるなんて割が合わないよ
そういえば高山《たかやま》から連絡きた？
大学を出てからは連絡もらったことないよ
ソフトウェアのベンチャー企業起こしたヤツだよね？
なんか今人工知能の先生とスマホアプリをつくってるんだってさ
で そのベータテスターにきっと俺がぴったりだからとメールがきたどういう意味なんだろうね？
必要なら雅樹にも使ってもらってくれだとさ
へえ
とにかく転送しておくよ
今日は寝落ちすんなよ！怒られるぞ！
大丈夫だ最近はソファで寝落ちしても声かけてさえもらえなくなった！

ふー…
ピコン
Akira
オッケー。
既読
18:03
さっき話したアプリ
転送しておくよ
妻のトリセツ
https://tsumatorisetsu/appli
21:43
おう、サンキュー。
既読
21:44
ピッ
さっき話したアプリ
妻のトリセツ
https://tsumatorisetsu/appli
21:43
妻のトリセツ
残り2分ー32.2/53.6MB
妻
脳科学で学ぶ
妻のトリセツ

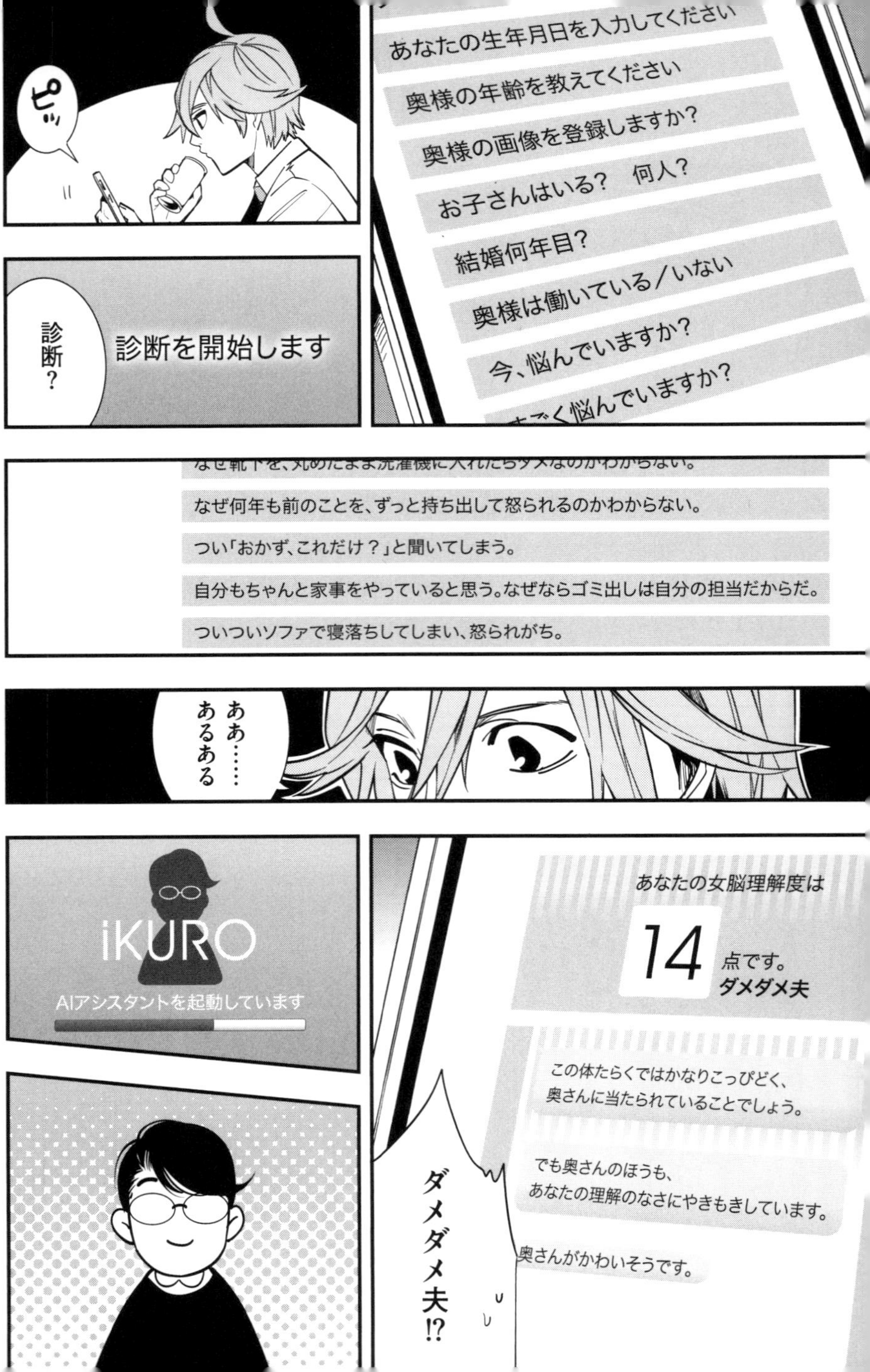

ピッ

あなたの生年月日を入力してください

奥様の年齢を教えてください

奥様の画像を登録しますか?

お子さんはいる? 何人?

結婚何年目?

奥様は働いている／いない

今、悩んでいますか?

……ぐ悩んでいますか?

診断？

診断を開始します

なぜ靴下を、丸めたまま洗濯機に入れたらダメなのかわからない。

なぜ何年も前のことを、ずっと持ち出して怒られるのかわからない。

つい「おかず、これだけ？」と聞いてしまう。

自分もちゃんと家事をやっていると思う。なぜならゴミ出しは自分の担当だからだ。

ついついソファで寝落ちしてしまい、怒られがち。

ああ……あるある

iKURO

AIアシスタントを起動しています

あなたの女脳理解度は

14 点です。
ダメダメ夫

この体たらくではかなりこっぴどく、奥さんに当たられていることでしょう。

でも奥さんのほうも、あなたの理解のなさにやきもきしています。

奥さんがかわいそうです。

ダメダメ夫！？

脳科学の世界にようこそ
脳科学⁉
あなたには男兄弟しかいない そういう人には妻を理解してない夫が多いの
あなたが悩むのも無理はない なぜなら男と女の脳は違う
妻の求める答えとあなたの提案はいつもまるきりズレているのだから
しかし脳科学の知識があれば「女性脳」を手に取るように理解できる そうすれば人生はもっと豊かになります
ぶっちゃけ「男と女はわかりあえない」と嘆いていてもなーんにもはじまらない
大切なのは「相手を理解する」ことでしょ？
あなたはその一歩を踏み出す勇気はある？

綾…
あります！
あなたがまず最初に理解するべきなのは女性脳にとって「察する力」が「愛の証」であること
察する力……⁉

人間の赤ちゃんは言葉も話すことができないとても無力な存在
女性脳にはそんな赤ちゃんを育てるために何世代にもわたって培われてきた力がある
それが「察する力」大切な存在の言葉にならない求めにちゃんと気がつくスキル
このスキルを持つ女性脳にしてみれば「察しようとしない」ことは相手を大切に思ってないのと同じことなの
「いってくれればやった」というセリフを男性はいいがちだけど
でもこれは「いわれないとやらない」ということ
女性脳にとってそれは「僕はあなたのことになんの関心もないです」といわれているのと同じなのよ
そんな！僕は妻を心配していたのに！
いわれないと気がつかない男
察してもらうことに愛を感じる女
男女の間には深い谷があるね
は…い……
では考えてみてくださいたとえば奥さんが忙しいとして
QUESTION!!
サッ
あなたは洗濯している彼女になんというべきだった？
いってくれれば……
カッ
だからそれはダメ！
妻の気持ちを先回りして察して……
う〜む…

気がつかなくてごめん
僕がやるべきだった
といいます！
パーフェクト！
「自分の気持ちを察してくれた」
妻はそこに愛を感じてくれるはず
「妻が絶望する夫のあるあるNGワード」は
ほかにもあります
たとえば
だったらやらなくていいよ！
家事が大変だと思っている妻にしてみると「君のやっていることは別になくてもいい」と聞こえてしまう。妻は自分が全否定されたと感じます。
つまりこういうことだろ？
頼んでもいない要約は余計なストレスになるだけ。「割り切れないから難しい」ということをちゃんと理解して！
おかずこれだけ？
男子にとっては、ごはんとおかず量のバランスを測るために聞いていることでも、妻には「たったこれだけしかないの？」と聞こえてしまう。余計なことはいわない！
いいなー君は一日〇〇といっしょで
「それがなによりもつらい」と感じている妻もいることを理解してあげてください。

おお──無理
俺　ゼッタイ無理！
無理デース！
なにが無理なの？
そんな細かいこと無理だよ！
俺　絶対地雷を踏む！
毎日　踏むかも！
男は「察するスキル」を装備してないから難しいよね
でも誰だって完璧じゃない
男も女も完璧じゃない
大事なのは相手を理解しようとする気持ち
それがあればきっと伝わるはず
今日帰ったらなにもいわれないうちに奥さんのことを手伝ってあげてみて
先回りすることが愛の証ですよ

がんばって
ただいま
お帰りなさい
今日のおかず……
いやいや！なんでもないよなんでもない
？

洗濯物
俺が畳んでおいたから
いつもありがとう
綾
あ　ありがとう
あっ

行ってきまーす
ガチャ
俺は変わる
そうして
綾も変わるんだ!
脳科学の知識で

解説

なぜ、妻は「それくらい察してよ」と思うのか？——脳科学でこたえます

女性脳は基本「察してちゃん」!?

女性脳には、言葉を話せない赤ちゃんや幼い子どもを育てるために、「察する」スキルが装備されています。

これは、大切に思う相手を見守り、ちょっとした変化に気がついて、いわれなくてもその望みを「察する」スキル。だからこそ、女性脳にとって「察すること」イコール「相手を大切に思っていること」。

あえて極端にいうと、女性脳とは基本的に**「察してちゃん脳」**なのです。

ところが男性脳にはこのスキルが装備されていません。

ここに男と女の「**残念な行き違い**」が生まれる原因があります。

妻

それくらい察してよ。
男ってほんと、
気がきかないね

夫

いってくれればやったのに

妻

最低！

男にとって「いってくれればやった」は、正直な気持ち。ですが女性脳にとって、

「いったらやる」

とは

「察する気持ちはない」

ということ。つまり

「あなたのことは大切ではありません」

と伝わってしまうのです。

だから妻から

「あなたは配慮が足りない」

「気がきかない」

「思いやりがない」

などのクレームがきたときは、「いってくれればやった」は、なんの言い訳

にもなりません。

正解は

「ごめん。気がつかなくて」です。

実際に「察する力」が足りないのが男性脳。しかし少なくとも「察するべきだった」という姿勢は見せましょう。

それが「あなたを大切に思っている」というメッセージとなります。

「男ってほんと気がきかないよね」とグチられているうちはまだマシ。いつかその不満が爆発することになるかも。そのまえに「察する姿勢」を見せていきましょう。「妻活」の基本姿勢です。

Lesson2 「妻はなぜ昔のことを責めるのか」問題

あー
今日もほんと
疲れたー！
ん…
井口章
どろ～
玄関に
カバン
置かないで！
靴下は
ここで脱がない！
ガチャ…
ガチャン…
井口由真
パパおやすみ～
舞衣《まい》

ぎゅ〜
おやすみ〜
ごはん テーブルの上に 出してあるから チンして食べて
寝る前にお風呂は 入ってね
あとテレビ つけっぱなしに しないで
ポリ ポリ
スヤ…

ピコンッ
あのアプリ凄いね
目からウロコだった
23:15
パチ
アプリ？
ああ　あれ
妻のトリセツ？
妻
脳科学で学ぶ
妻のトリセツ
ロフィール画像を登録
あなたの生年月日を入力してください
奥様の年齢を教えてください
奥様の画像を登録しますか？
お子さんはいる？　何人？
結婚何年目？
奥様は働いている／いない
悩んでいますか？
悩んでいますか？
ギッ

おつかれさま
あなたはひとりっこ 高校は男子校で 結婚するまで実家住まい 身の回りのことは お母さんがぜんぶ やってくれたのね
こういう男性は 女性脳の理解度が 低いものだけど それにしてもあなたの スコアは悪いわねえ
あなたは奥さんに 「過去のことをいつ までも責められる」と 感じているでしょう？
あなたたち男性に まず理解して ほしいのは
「男にとっては過去でも 女にとっては〝今〟で ある」ということ
なん……
だって……

脳科学的にいえば
女性脳は過去の出来事に
「感情」のインデックスを
つけて記憶する
そしてそのインデックスを
トリガーにして
一気にずらずらっと
記憶を呼び出せる能力があるの
過去のうれしいことも
反対に悲しいことも
まるで今経験しているように
みずみずしく思い出す
悲しい
それって
ことは……
そううれしいことは
「ポジティブトリガー」
つらい目にあったことは
「ネガティブトリガー」として
よくも悪くもずっと記憶に
刻みこまれることになる
楽しい
悲しい
これは
女性脳が子育てのために
培ってきたスキル
人間は子どもの数が
少ない生き物
女性は　その少ない子どもを
無事に育てなければならない
そのために
過去の体験をきちんと
記憶しておき
眼の前の状況にあわせて
ひっぱり出すスキルを持つ
だから男性脳にとっては
過去のことでも
女性脳には違う
ある意味
ずっと「今」

これは子育てのためのスキルだから
妊娠中やおっぱいをあげている時期にトリガーが刻印されやすい
つまり……
つまり妊娠しているときにやらかしたら
一生ずっと責められるってことか！
でも後輩の女の子と食事に行っただけでずっとネチネチ言われるなんて理不尽すぎるよ！
でもどこか浮ついた心があったのではなくて？
女性脳は察することの天才
子どもができて大変な時期なのに浮かれていたあなたを察していたのかもしれませんよ
そういえばまだ結婚するまえ由真にないしょで合コンに行こうとすると
その日は決まって嫁さんの体調がおかしくなっていた
あれも「察して」いたのかすごいな女の脳は……

子どもを授かることは
人生の一大事
この時期の女性は
心も体も傷だらけ
なんですよ
それなのに
俺は……
ガチャ…
ただいまー
今日はなに
やってたの？
ごめんね
お昼に舞衣が
吐いちゃって
病院に連れていったの
お医者さんは
大丈夫といって
くれたけど
家のことは
なにもできなくて……

そうなんだ
じゃあ
俺のメシも
まだだよね？
ごめん……
いいよ
気にすんなよ
じゃあ俺
外でなにか
食べてくるから
帰りに
由真の分も
なにか買ってきて
やるよ
バタン…
キッ
あーだめだめ
これだめ
特大の
ネガティブトリガー
だわ
特大……

あなたの行動はズバリ「理解のない夫あるある」よ
ビシッ
後輩との食事よりこっちのほうが根が深いかもね
家にいてもジャマになるだけかと思って……
しゅん…
男は決まったルーティンをこなし一生懸命 責任を果たすことが愛だと思っている
家
出勤
会社
オフィス
退勤
しかし子育て中の妻にはルーティンは通じないだって赤ちゃんはいつも予想外なんだから
出勤
会社
オフィス
家
退勤
不幸な食い違いね

正解は妻の心にしっかり寄り添うべきだった
どうしたんだ！
ごめんね お昼に舞衣が吐いちゃって
病院に連れていったの それで家のこと なにもできなくて……
ギュ…

それは大変だったな
まかせて俺がなにかつくるから
うんありがとう
あなたも疲れてるのにごめんね
お 俺はどうすればいいんだよ!
やっちゃったよもう!
大丈夫完璧な夫なんていない誰でも失敗はしてしまうもの
脳科学の知識があればやり直すこともできます

やり直すためには
感謝の気持ちを込めて
心から謝るしかない
ただ男がよくやるように
ケンカしているときに
逆ギレみたいに
謝るのではダメ
穏やかな空気のときが
「記憶書き換え」の
チャンス
たとえばテレビで
出産シーンが
流れたとき……
子どもを産むのって
こんなに大変な
ことだったんだ
わかって
あげられなくて
ごめんな

やっとわかった?
いつも遅いんだから
でも
そういう
章のこと
好きだよ
妻
脳科学で学ぶ
妻のトリセツ

ガチャ
パパ……

解説

妻が妊娠しているとき、おっぱいをあげているときにやらかすと、一生責められます

過去の体験を「ありあり」とみずみずしく思い出す女性脳。
特に「怖い」「つらい」「ひどい」といったネガティブな記憶は、子どもを守るためにものすごく大切。
だから
妊娠している時期、
まだおっぱいをあげている時期
に、無神経な発言や行動を〝やらかして〟しまうと、強烈に脳に刻み込まれて

しまい、女性脳の持ち主本人も、長く「フラッシュバック」に苦しむことになります。

しかし不思議とこの時期に、まるで独身時代に戻ったかのように自由を満喫しようとする男性が現れるもの。妻がホルモンの変化に翻弄され、疲れ、いつも寝不足の状態にいることを、よく理解してあげてください。

赤ちゃんがいる妻に、男性脳がいってしまいがちな地雷セリフあるある

つわりで苦しんでいるとき

- **「母さんが、つわりは病気じゃないっていってたけど」**
- **「気分の問題だよ」**

☆「ごはんはつくらなくていいよ。食べてくるから」

出産直後

☆「楽なお産でよかったね！」

☆「すごい顔してたよ（笑）」

授乳期

☆「今日なにしてたの？」

☆「俺のごはんは？」

家事、育児のグチをいわれたとき

☆「じゃあ俺が家事やるから、おまえが働いてお金稼いできて」

☆「一日中、家にいるんだからいいじゃん」

女性にとって出産は命がけ。もしかして夫は「ああ、よかった。自分は男で」と思っているかもしれませんが、ついいってしまいがちな夫の言葉は、妻の心を殺してしまいます。

「がんばってお金は稼いでいる。夫の責任は果たしている」では、もはや愛は届きません。妻の大変さに寄り添っていきましょう。

Lesson3 共感スキルを装備すれば仕事にも役立つ

「いってくれたらやる」じゃダメ
「先回りして相手の気持ちを察しようとする」
これは理解した？
はいっ！
では思い切って本質的なテーマに入りましょう
そのテーマとは男にとっての最大の謎「共感」
女性脳はなぜ共感を求めるのでしょうか？
それは……友だちと会話するのが好きだから!?

はぁ…
女性脳にとって共感は知的活動の中心
人間にとって子育てはいつも想定外
だから女性脳は予想外の出来事に対応するスキルを持っています
たとえば夜中に子どもが熱を出したとき
「熱が高いのに顔色は青い」これはいつもとは違う！救急車を呼んだほうがいいのかも
あわわわ
こうしたとき女性は過去の発熱場面をありありと思い出して対応する
このスキルについてはLesson2参照
しかも「**ほかの人の体験**」もあたかも自分の体験のように
チャッ
ひっぱり出して参考にすることもできるんです
たとえば何年も前に公園で聞いたママ友の経験談や自分のお母さんおばあさんから聞いた話
たくさん蓄積されてきた「記憶《メモリー》」を総動員して対応する
このスキルを実現する鍵が
「**共感**」

男性は女性の会話を聞いて「なんでそんなにオチのない話をえんえんとするんだ」とか
「過程をぜんぶ話してくれなくていいよ」と思ったりするでしょう?
正直思います
このような感じですね!
さっき駅の階段で転びそうになって超やばかった
怖いね あそこの階段細いヒールだと引っかかるよね
わかるわかる 危ないよね あそこ
問題を解決したい男性脳はこういう会話を理解できない
「階段で転んだ話」ならわかります
しかしなぜ「階段で転ばなかった話」をするのかわかりません

こうした会話は
女性脳にとって
「知のプレゼント大会」
「階段で転びそうになった怖さ」に
共感することで
まるで自分の体験のように感じる
そして記憶の引き出しに
しまい込む
女性脳はよるとさわると
自分の身に起こった
ささやかな出来事を
垂れ流すように
話し合う
そして大いに共感しあって
生活の知恵をふやす
これが
井戸端会議の正体で
実はかなり知的な行為
なのですよ
問題は
男性脳がその
「知のプレゼント
大会」に
参加しないこと
NGな夫婦
今日買い物に行ったら
階段で転びそうに
なっちゃった

スニーカーにしたほうがいいんじゃね？
はいNGです！
正解は
今日買い物に行ったら階段で転びそうになっちゃった
そうなんだ それは怖かったね だいたいあそこのスーパー建物が古いんだよな
女性の脳は共感されることで癒される
わかるわかるー
逆に共感されないとテンションが下がり免疫力まで落ちてしまう
靴替えたら？
「自分の存在が否定された」と感じることもあるくらいよ

男は「自分の身に起こった ささやかな話」をプレゼントしてくれない
女はそれが物足りない
あなたから積極的に話しかけてみたら?
ごはんを食べたら後はスマホをさわってるだけとか絶対にNG
まずはささいなことから話してみる それがかえってふたりの心を近づけるかも
現代社会の最高の価値は「共感」と「共有《シェア》」
わかるー
いいね!
共有させてくだ
シェアさせてください!
1959
「共感」スキルを身につけたらあなたのオンにもオフにもすごくプラスになるはず

うちの課って
小さいペットボトルを
買っておいて
お茶出しのときは
それを出すんだけどさ
キ
うん

そのお茶を補充するのは新人の担当なんだよ
でも今日補充されてなくて俺あわてちゃったよ
そうなんだ その人よく忘れるの？
よくやるね しょっちゅう課長に怒られてる
でも私もその人のこといえないなあ
新人のとき失敗ばっかりで指導の先輩にいつも怒られてた
……仕事に戻りたいと思う？
うーん どうかなあ
うん
こないだ働いてたときの友だちとお茶したんだ
そしたら私が担当してた企画そのコが引き継いでいて

なんか くやしかった
上司とうまく いかないからって 辞めちゃうこと なかったかなって
後悔した？
そういうのとは 違うのかな
私のやるべきことって いったい なんだったのかな と思って……
いや…… それも違うかな
正直にいうと私 その友だちが キラキラして見えて うらやましかったのかも しれないね

俺は綾がまた働くの賛成するよ
家事だって前みたいに分担するし
うん
でもね……
？
いいや
また話すね
ガタッ
綾の思う通りにすればいいよ
ありがとう
本当に
思う通りでいいから
そうじゃなくて

にこっ
私の話を聴いてくれて ありがとう

解説

すべての話は「肯定」から入れ！ 誰でもかんたんにできる!! 女性脳に学ぶ、できる大人のコミュニケーション術

「心」のチャンネルと「事実」のチャンネル。女性の会話には2つのチャンネルがあります。基本的に「心」は否定しない。これが大事。

たとえば、

良い例

A美さん「私、マンゴーパフェにする」
B子さん「マンゴーおいしいよね！（心のチャンネル）。
じゃあ私はチョコレートにする（事実のチャンネル）」

共感を求める女性脳の会話は、まず「おいしいよね！」と、心のチャンネルで相手を肯定するところから入ります。

C男くん「俺、マンゴーって嫌いなんだよね。だからチョコレートにするわ」

悪い例

D郎くん「マンゴーって実は原価率、低いんだよね」

このように相手の心を否定してしまったり、いきなり評論を始めてしまったりすると、相手のテンションが下がるだけ。

スムーズなコミュニケーションが成り立たない

男性脳は、「事実のチャンネル」重視のため、こうしたことをいいがちです。

たとえば、

妻「妹の彼氏がさ、仕事辞めちゃってぜんぜん働かないんだって」

夫「じゃあ、別れたらいいじゃん」

こんないきなりの結論を誰も求めていません。かんたんに解決できないから、みんな迷うのです。大切なのは共感。心を肯定すること。

夫「それは君も心配だね。妹さんも大変だし、その彼との交際も、ちょっと考えたほうがいいかもね」

このように共感してもらえるだけで、相手のストレスは癒やされます。

できる男は「共感」スキルを装備している！

まず相手の心を肯定し共感する。これはビジネスの場でも有効です。後輩が企画書を持ってきたとして、

×ダメな例　いきなり否定から入る

「ダメダメ。ぜんぜん書式整ってないじゃん」

○いい例　まず心を肯定する

「すごくがんばったね。でもフォーマットがバラバラなのは、もったいないね」

ビジネスパーソンとして望ましいのは後者。そもそも分析や評論は、「へえ、そうなんだ」と思われるだけで、人の心は動きません。「共感」こそが人を動かすのです。

SNSでみんながつながる今の世の中。この世界でいちばん大切な価値は「共感」と「共有《シェア》」。

「まず心を肯定する」。この共感コミュニケーション術を身につければ、プライベートでは「いいね！」と思われ、ビジネスでも「できる人材」としてまわりに差をつけることになるでしょう。

ZORA
Lesson4 妻と楽しく買い物する方法
これ どう？
うん…… いいと思うよ
こっちと どっちがいいかなー
うーん…… どっちかといえば どっちかなぁ……
正直 どっちも同じにしか 見えないぞ！

だいたい服を買いに来たはずなのになぜ違うものばかり見ているんだ？
さっきは靴を見てたし
かといってうかつなことをいうと「あなたは気が短い」と怒られるからな
妻の買い物にどうやってつきあうか
夫にとって永遠の難問だ！
その23時間と34分56秒前!!
これまで女性脳の「察するスキル」「共感するスキル」について勉強してきました
これからはさらに踏み込んで「ポジティブな思い出のつくりかた」を知ってほしいと思います！

女性脳は
過去の嫌な体験を
なんども蒸し返す
やっかいな脳
ずーん
「フラッシュバックに
苦しむ」と
PTSDの用語まで
使われるほどです
しかし逆にいうと
女性脳は
幸福な思い出も
なんどでも再体験する
自分のことを
大切にしてくれた
ぽっ…
キャアアッ
素敵な言葉を
いってくれた
幸せな記憶も
いつまでも大切にする
そんな脳でもあるんです
かわいいでしょう?
だからこそふだんから
幸せな記憶を思い出すきっかけ
「ポジティブトリガー」を
つくっておくことが大切
「なぜそこまでやらなきゃ
ならないんだ」と思った
あなたっ!
もっともです
しかし理解して
ほしいのは
人間だってふつうに
哺乳類だということです

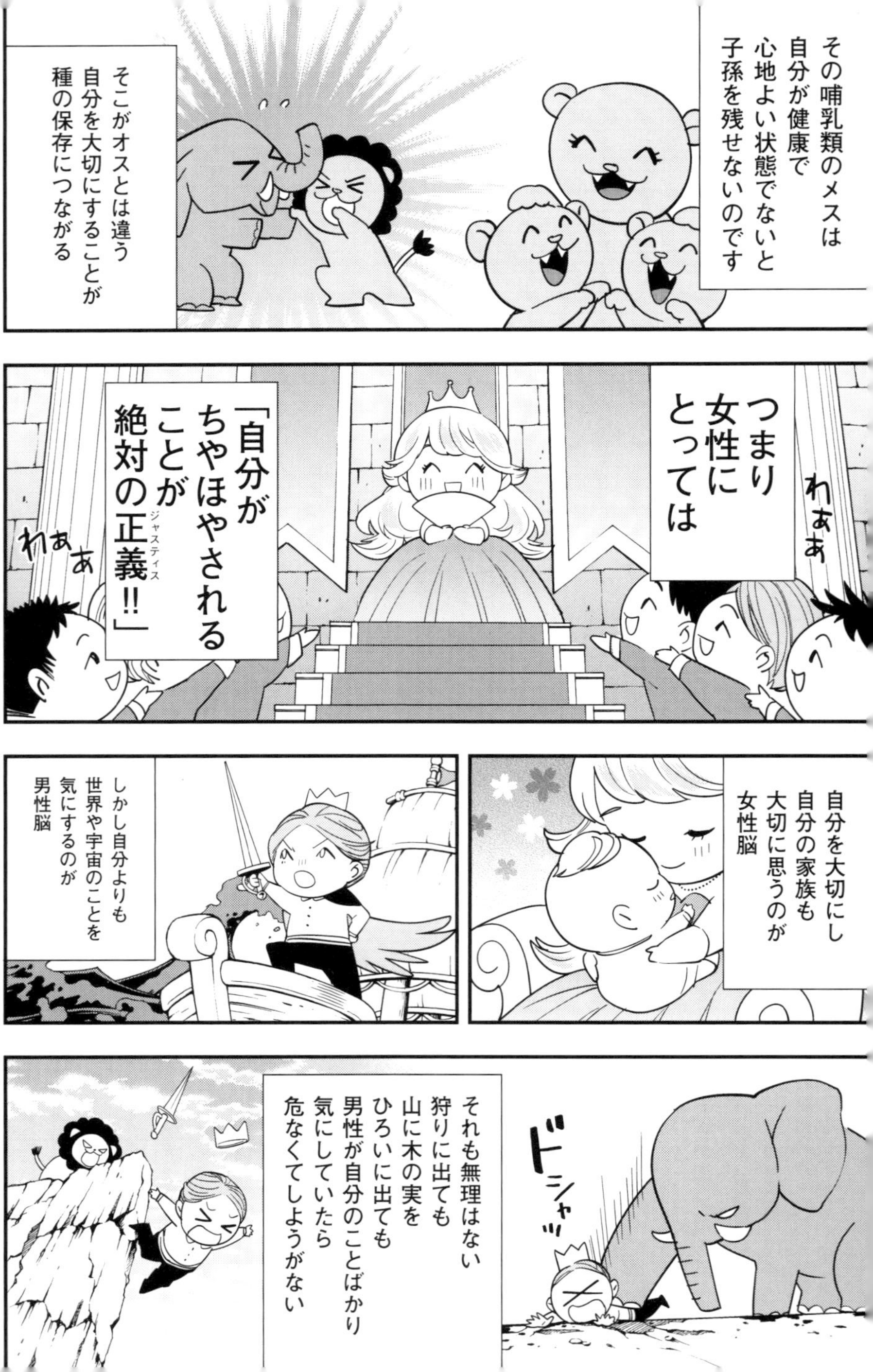
その哺乳類のメスは
自分が健康で
心地よい状態でないと
子孫を残せないのです
そこがオスとは違う
自分を大切にすることが
種の保存につながる
つまり
女性に
とっては
わぁあ
「自分が
ちやほやされる
ことが
絶対の正義《ジャスティス》!!」
わぁあ
自分を大切にし
自分の家族も
大切に思うのが
女性脳
しかし自分よりも
世界や宇宙のことを
気にするのが
男性脳
ドシャッ
それも無理はない
狩りに出ても
山に木の実を
ひろいに出ても
男性が自分のことばかり
気にしていたら
危なくてしようがない

男性脳は女性脳と逆
自分に近いと感じるものほど関心も薄くなってしまう
「家族に愛は持ち込まない」という状態です
しかし妻との関係がギクシャクしている夫はこの男女の脳の違いを逆に利用するのがオススメです！
つまり「いつでも君のことを思っている」と発信する
ビシッ
優秀な男性脳の持ち主ほど仕事中に家庭のことは考えたくなかったりするもの
現実の問題として仕事中に「愛してるよ」とメッセージを送るのは負担も大きいでしょう
でもなんてことない連絡でいいのですむしろそれがいい
打ち合わせが終わってほっと一息ついた瞬間
出張の移動中なんかは大チャンスです
こんな感じでいい
既読
16:12
今日暑かった
カレーが食べたい
16:54
女性脳はこれを勝手に「今この瞬間も自分のことを思ってくれている」とうれしく解釈してくれるのです

ジュリ江
どうしたの急に？
ロミ夫
最近さ、
あまり話せてないな
思って
ジュリ江
ありがとう
わたしも同じこと
思ってた♡
ジュリ江
Love!
ただやはり
最大のチャンスは
記念日!!
ポイント1000倍!!
どーーん!!
記念日こそが
ポイント
1000倍デー!
き
記念日!?
かあぁっ

そう記念日！
完璧な結婚生活を送るなんて誰だってムリ
どんな夫婦でもいい思い出もあれば悪い思い出もあるもの
いい思い出だけつなげば「幸せだった」と思えるし悪い思い出をつなげばどんより生活
そのリンクポイントになる日が記念日なのです
この日に幸福な思い出をリンクさせることができたら
まるでオセロのように一気に結婚生活の評価を逆転させることも夢ではありません！
すでにやらかしてしまったダメ夫には超オススメです！
ただしここで男性がやりがちな失敗は「サプライズ」！
サプライズはダメなんだ！

男性と違って
プロセス指向の
女性脳は
なにかを楽しみに
待つことが大好き！
よく女の人が
いうでしょう？
アーティストの
ライブを予約して
「この日があるから
仕事がんばれる！」とか
だから
楽しみには
「予告」が大事
イベントを控えた女性は
新しい服を買ったり
エステやネイルに行ったり
美容院を予約したりして
その時間をじっくり楽しむ
「サプライズ」は
女性からこうした
楽しみを
奪ってしまうのです
しかも!!
考えてみて
予告なしに
オシャレなお店に
連れていかれたときの
女性の気持ちを
フレンチだったら
もっとオシャレして
来たのに…
特大の
ネガティブトリガーを
焼きつけかねないわ
だから記念日のイベントは
きちんと予告すること

「予告」は
ふだんの日でも有効です
梅雨があけたら
ビールでも
飲みにいこうよ
週末は
ワインをあけたいね
予告されただけで
女性脳の日々は
楽しくなる
しかも
楽しかった日の
余韻もまた
長く味わうのが
女性脳
予告で2週間
反復で2週間
女性は
一回のデートで
1ヵ月幸せになれる
そう思うと
かわいらしいでしょう?
男性としては
「もしその日に
仕事が入ったら
どうしよう」と
不安に思うかも
しれない
でも
予告だけですでに
幸せを感じている
女性脳は
案外あっさり許して
くれるものですよ

バァーン
ビクッ
ガチャッ
あ
綾

結婚記念日はまだ先だけど……
そうだ来月っ！
来月俺たちがはじめて食事に行った日にデートしない？
記念日デート！
いいけどどこに行くの？……
あのときの店にまた行こう！
でも私あんなお店に行く服もう持ってないよ
前に着てたのは？
もうサイズが合わなくなっちゃった……

じゃあ新しいの買いに行こうよ！
俺もいっしょに行くから
明日会社の帰りに待ち合わせよう！

そして現在！

ねえ
こっちの黒とオレンジのバッグならどっちがいいと思う？
うーん
黒のほうがどんな服装にも合わせやすいんじゃない？
そうだよね
じゃあ私これにするね
オレンジ！ガン無視かよ！
だったら最初から俺に聞くなよ！

着てみるね♡
あ
ああ……
プロセス指向の女性脳はいろいろ寄り道をしたい
目的指向の男はなぜ直接売り場に向かわないのか不思議に思う
でもこれが男と女の脳の違いなのかな
もうちょっと待っててねー
いいよ急がないで
ごゆっくり
あなたエラいわねえ
はい？

奥さんの買い物にちゃんとつきあってあげて
ほら男の人って短気でしょ?うちの人なんかいろいろ見てるとすぐに怒り出すからいっしょに行ってもつまらない
友だちや妹と行ったほうがずっと楽しいもの
男はどうしても目的の売り場にまっすぐ行っちゃいますよね
でもそのくせいざ買うとなったら性能がどうだ機能がどうだと細かいことにうるさいでしょ?
私なんかビビッと来たらすぐ買っちゃうのに
細かいスペックにうるさいんですよね男って
おーい　どんだけ時間がかかるんだよ
先に行くぞっ!

ほんと
先に行ってくれたら
ちょうどいいのに
奥さんと
お幸せにね
俺もあの夫と
同じだった
女はなぜ
ムダな寄り道に
時間を使うんだと思って
イライラしていた
でも男と女は
違っているのが
あたりまえ
大切なのは
「相手を理解する」こと
お互いを理解すれば
人生はもっと
楽しくなる
はず……
ごめんね
時間かかっちゃった
どうかな?
変じゃない?
ニャッ

ぜんぜん変じゃないきれいだよ
ほんとう？じゃあこれにするね
着ていくの楽しみだな
うん俺も楽しみ

解説

「なぜ妻は、夫に意見を聞いておきながら、平気でアドバイスを無視するのか？」問題

聞く気がないのなら、なぜ俺にアドバイスを聞く!?

- こうしたとき、実は妻は、最初から惹かれている物があるのです。
- しかし、本当に惹かれているのかどうか、迷ってもいる。

●そこで、夫の意見を聞いてみる。

●「たぶん、夫は無難な意見をいうはず」

●「それでも自分の気持ちは変わらないだろうか」を確かめてみる。

●やっぱり夫は無難な意見だったが、自分の気持ちは変わらなかった。

●お買い上げ決定！

つまり夫のアドバイスは役には立っているのです。「どうせ無視するなら、俺に聞く必要ないだろ」と、がっかりする必要はありません。

「妻と夫は、いかに買い物を楽しむべきか」問題

プロセスを楽しみたい女性脳と結果重視の男性脳。このふたりがいっしょに買い物に行くと、ストレスがたまりがち。

なぜ女性は寄り道をするのか。脳科学的には大きな意味がある。

●直感を働かせる女性脳は、脳内の電気信号を活性化するために、ウォーミングアップを行う。これが寄り道。

⬅

●男性脳はこの寄り道をストレスに感じる。

一方、男性脳は、あれこれ比較して買いたい。

●いざ売り場についてから、店員に確認したり、カタログを開いたりして、スペックや価格の比較を始める。

⬅

●詳しいのはいいことだが、妙に細かい。実際、接客業の現場では「今どきは、女の人のほうが太っ腹で決断力がある」という声も少なくない。

どうすればいいのか？

時間差をつくることがおすすめ

●夫は先に目的の売り場に行き、思うぞんぶん、商品を比較検討し、候補をピックアップ。

●そこに十分に寄り道し、直感力が活性化した妻が来て、ビビッと来たものを選ぶ。

●夫は得意の、細かいデータでフォロー。

買い物に行くと、いつもケンカしてしまい、お互い疲れて、帰宅は無言、というカップルは、ぜひ試してみてください。

Lesson5
人生でもっとも大きな出来事
先輩
手が空いてたら
これ確認してもらって
いいですか!
いいよ!
がんばったね!
にこっ
時間がない中で
よく調べてあるね
ありがとう
ございます!

ただ
備品リストのところ
トータルでいいから
価格を入れておいたら
もっとよくなるんじゃ
ないかな
そこだけ
もったいないね
価格を入れたら
それで課長に
出しちゃっていいと
思うよ
そうします！
お忙しいところ
ありがとうございました！
カッ
あの先輩……
なに？

先輩　最近
女子たちに
人気ありますよ
あの人と組むと
やる気がでるって
まず気持ちを
肯定する
その上で
意見があれば伝える
誰だってそのほうが
素直に人の意見を
聞けるよな
こっちもなぜか
前向きな気分になるし
ポンッ

グループをよく
まとめてくれているな
おまえがいると
安心だよ
午後はずっと伝票の
確認だよ　たりー
AYA
私
ちょっと
出かけてくる
買い物？
AYA
後でいうよ
今晩楽しみ
俺も
じゃああとでね
AYA
ヨロシク

待った？
今来たところ
行こうか
うん
早川様
お待ちしておりました
ワインに
する？
今日は
やめとく
そう

今日はありがとう
あの店でよかった?
最初のデートのときと同じくらいおいしかったよ
よかった
コッ
コッ…
デートのとき行きつけのふりしてたけど
実は俺ネットでめっちゃ探してさ
知ってた
えっ?
知ってたよ
はじめてだってこと

でも私のために選んでくれたんだと思ってうれしかった
この場所覚えてる?
覚えてる
ここで俺たち……
あのとき私が「金木犀《きんもくせい》の花の香りってなんで高いところまで届くんだろう」といったら……
俺は「えっ、そんなに大きい花なの?」と答えて笑われた

私「なんてムードのない人なんだろう」ってそれがおかしくて
俺「ダメだーぜったいこれフラれた」と思ってたよ
そう？男の人ってにぶいよね
俺は「この人とまた会えるだろうか」と思ってた
私は「この人にまた会いたいな」と思ってたよ
綾
雅樹くん待って
話があるの
話？

私
赤ちゃん……
できちゃった
なっ！
なんだってーっ！
ええええええっ
もしかしてと
思っていたん
だけど……
今日
病院に行って
ちゃんと診てもらったの
そう
したら……

なんで早くいって
くれなかったんだよっ
バッ
ごめんね
私　自分が
どうしたいのか
わからなかったの
私
仕事辞めちゃった
でしょ？
仕事を辞めたかわりに
これからは
一生懸命雅樹くんを
支えるんだと思ってたけど
でも
思っていたより
生活が変わって……

それってさ
きっと
仕事から切り離されて
自己評価が急に
低くなっちゃったんだよ
綾は
まじめだから
そうだね
そうかも
しれないね
SNSとか見ると
みんな
キラキラしてるしさ
私がいちばん
つらかったこと
なにかわかる?
なんだろう?
こんな私
雅樹くんはきっと
嫌いになっちゃう
だろうなって

そう思うと
赤ちゃんのこと
はっきりさせるのが
ずっと怖くて……
今でも怖いの？
今は怖くない
「この人の
赤ちゃんが
ほしい」って
心から思ってる
「この人の子どもを
育てて
生きていきたい」と
思ってるよ
じゃあさー！
もうっ
こんなことしてる
場合じゃ
ないじゃーんっ！
早く帰ろう！
タクシー代は
俺の小遣いでいいからさ
家計からじゃなくていいから
タクシーで帰ろう！
まだ大丈夫だよ
大丈夫じゃないよ
タクシー
タクシー！

で男なの？女なの？名前はなんにする？
まだわからないよ
俺　大事にするからトリセツ見て大事にするからさ
トリセツ？
あわわっ
なんでもないとにかく大切にするから

ちゅっ

キキッ
ありがとう
ごめん
スマホ見るね
章からだ
気にしないで

俺　離婚するわ
なっ！なんだってーっ!!

解説

今は大丈夫でも、いつかは妻の不満がつもりつもって限界を超えるかもしれません

同居期間20年以上の離婚が増えています。

女性から見たその理由は……？

- 夫が家にいることがストレス
- 性格の不一致
- 会話がない
- 価値観の違い
- 義理親の介護問題
- 家事に関する不満

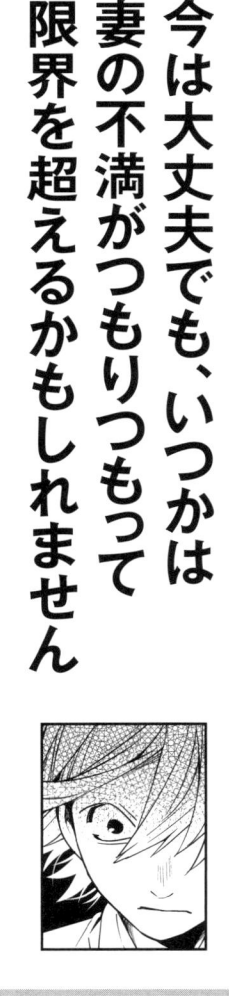

口うるさいのは、いっしょに暮らす気があるから

☆「ごはんの前にお風呂にはいりなさい」
☆「靴下は丸めたまま洗濯機に入れないで」
☆「ソファで寝落ちしないで」
☆「ドアを閉める音がうるさい」
☆「わたしの話してること、ぜんぜん聞いてないでしょ？」
☆「いったよね？　なんどもいったよね？」

家に帰って、妻にガミガミいわれると「アーッ」となるのが男性脳。しかし口うるさいのは、まだいっしょに暮らす気があるから。
夫にしてみれば「ちゃんと働いて、責任を果たしている」と思っていても、小さなすれ違いがつもり、いつかは限界を超えてしまうことも……。

「うっかりホメ言葉」に気をつけろ！

「序列」に敏感な男は「おまえが一番だ」といわれるのが好き。女性が好きなのはランキングではなく**「唯一無二」**であること。

「いろんな女を見てきたけど、やっぱりおまえが一番だ」

「会社の女子より、ぜんぜんかわいいよ」

といった発言は、暗黙のうちに、**妻をほかの誰かと比べている**ことがバレてしまいます。相手を持ち上げるつもりでいっているのに、むしろ「妻をなんとなく不愉快にさせるだけ」なので気をつけましょう。

Lesson6 「名もなき家事」で離婚の危機に

フリーダームッ!!
アイム フリーダーームッ!
ウィアー フリーダーームッ!
ウエイーイ!
カーン!!
ゴク
ゴク ゴク
で どうなんだ?
プハーッ
嫁が子どもを連れて実家に帰っちまったよ
もう1週間も連絡がないな

いったい
なにがあったんだ？
トリセツで
勉強してたんじゃ
ないのか？
あれ
すごく実践的だぞ
あのな
雅樹……
今は転職したけど
俺の先輩に
松本さんという人が
いたんだ
その松本さんが
どうかしたのか？
気のおけない
いい人だった
その松本さんと
この間　飲んだんだ
俺は楽しみに
してた
でもいざ
会ってみるともう
前と違う感じ
なんだよね
以前は
同じ職場だから
気を遣ってた部分も
ずいぶんあったんだな
いったい
なにがいいたい
んだ？
つまり
人間関係ってものは
気を張って
成立しているものなんだ
男は家の外に
7人の敵がいるとは
よくいったもんだ
だからこそ
家にいるときくらいは
ボケーッとしていたい
じゃないか！
ドン
仕事のときは
しかたない
だけどオフは
許してくれよ！

俺たちには見えないけど女にはいろいろ「家のルール」ってものがあるらしいな
置き場所とか段取りとかいろいろルールがあってうっかり破るとイラッとされる
家の中に書斎みたいな自分だけの秘密基地を持てたらいいんだろうけど……
今の給料じゃ無理だよな
だから俺は家に入るまえにしばらく駐車場の車の中で過ごすことにしていたんだ
自分ひとりだけの時間を持つためにな
それが俺の楽しみだった……

コンコンッ
ワァァアア…
なにひとりでこそこそスマホさわってるの？
ジロ…
あわわわ…
家族にないしょでいったい誰に連絡してるのかな

その後
家でさんざん
絞られたよ
「マンションの
ほかの住民が
見たら
どう思うか」
とかな
それで俺は
キレてしまった
ギャァ
ギャャ
ここの
家賃を払ってるの
俺だろ？
少しくらい
好きに
させてくれよ
朝起きたら
嫁さんも子どもも
いなくなっていた
「わたしはあなたの
お母さんじゃない
実家に帰ります」
というメモだけ
テーブルに
あったよ
まったく
聞きわけのない
女だよな

聞きわけのないのはおまえだーっ!!
なにが「家ではボケーッとしたい」だ
気を抜いたヤツから死んでいくそんな戦場に俺たちはいるんだっ!
家こそが戦場なんだ
で……でも男にはだな……
なにが男だーーっ!!
そんなんいうなら今すぐ狩りに出てマンモス獲ってこいーーっ!
まあなんだ……時代は変わったんだ俺たちも進化しなきゃ
フー…

だいたい おまえは それでいいのか？
この厳しい世界を ともに生きていく上で あんなすごい パートナーは 二人と現れないぞ
じゃあなーっ よく考えろよーっ！
「妻活」だ 妻活 妻活がんばれ！
妻活か…… わかったよ
今日はありがとうな おまえも大変な 時期なのに
飲みたいときは いつでもいいよ 遠慮すんな

ガチャ…
ギシ…
由真がいてくれたときは
家の中がこんなになることは
なかった……
着ていくシャツも
毎日ちゃんと
用意してくれていた……
グイッ
ス…
妻のトリセツ

着た服を洗濯機に放り込めばそれできれいなシャツが出てくるわけじゃない
柄物は分ける
洗剤を選ぶ
洗い上がったらシワを伸ばして干す
畳んでしまう
ひとことで「洗濯」といってもそのプロセスは細かいタスクの連続
「ゴミ捨て」だって同じ
夫はゴミ袋を集積所に出すだけで家事をやっていると考えがち
空き缶・空き瓶
燃えるゴミ
しかし実際はゴミ袋を毎日セットしたりゴミを分別してペットボトルからキャップをはずしたりいろんな「名もなき家事」の連続
しかもゴミの種類によって収集の日は違うからそれを頭に入れて管理しなきゃならない
空き缶・空き瓶 ペットボトル 月
普通ごみ 火
プラスチック 水
粗大ごみ 木
朝 顔を洗って清潔なタオルでふく
トイレットペーパーを使う
目玉焼きにソースをかける
夫はなんの疑問もなくそれが自然だと思っているでもそれは妻が「名もなき家事」をこなしてくれているおかげ

いってくれれば
俺も手伝うのに
そう？
どうかな
たとえば
娘さんが
赤ちゃんのとき
どうしてた？
お風呂に入れたあと
体をふいて
服を着せるところまでした？
ミルクを飲ませた後
哺乳瓶を洗って
消毒までした？
そんな細かいことまで
お願いされると
「アーッ」と
なっていたんじゃなくて？
正直
「アーッ」って
なります
それも
無理はない
男性脳は
その瞬間その瞬間に
まわりのことを警戒し
危険を察知することに
脳の力を使っている

だから女性脳のように「トイレに立ったらついでにコップを流しに置いて帰りにお菓子を持ってきて」という長い行動計画をイメージするのが苦手
男性脳に女性脳が求めるレベルの指示を実行させると女性の約3倍のストレスがかかるといわれています
だから優秀な妻ほど「夫に指示するとかえってめんどくさい」「完成度も低い」「自分でやったほうが早い」と名もなき家事をどんどんこなしてしまう
ホヤ～
ムッ…
でもそのせいで夫はますますすべてが自然に手元にあると感じてしまう
だけどその状態は危ない女性脳は夫に対する不満をコップに一滴ずつ水を落とすように溜めていく
不満はほかにもある家庭は妻のテリトリー
勝手に置き場所が変わったりルールが破られると子どもや自分がケガをしてしまうリスクもある
そんなことにならないように女性脳は家の中のものをミリ単位で把握し自分のルールで運営している

それなのに
どんなにいっても
夫があらためないと
いつかどこかで
爆発して
最悪　離婚問題にまで
発展してしまうことに
なります
はっ
俺はどうすれば
よかったんですか！
まずは
ねぎらうべきだった
「ごくふつうの日々が
ずっと続く」
その幸せに気がついて
感謝するべきだった
それだけで妻の苦労は
かなり報われます
逆に「コーヒー切れてるよ」とか
催促するのはもってのほか
麦茶や牛乳をほんの少しだけ残して
冷蔵庫にしまうのもNGです
自分が補充しなさい
それでも妻に怒られたら
あれこれ言い訳せずに
「ごめんなさい」と
謝ること

家族のために一生懸命
あなたはがんばってきた
でも奥さんも
がんばってきた
時々でいいから
そんな妻に
感謝の言葉を
伝えるといいね

そうだ舞衣が生まれたとき
俺は仕事が忙しくて子育てはぜんぶ由真にまかせてた
あなたも家族のために残業してがんばってきたのでしょう?
でも妻も子どもが幼稚園に入るとパートに出て……
スッ
あなたの今の気持ちを伝えるときっといいんじゃないのかな

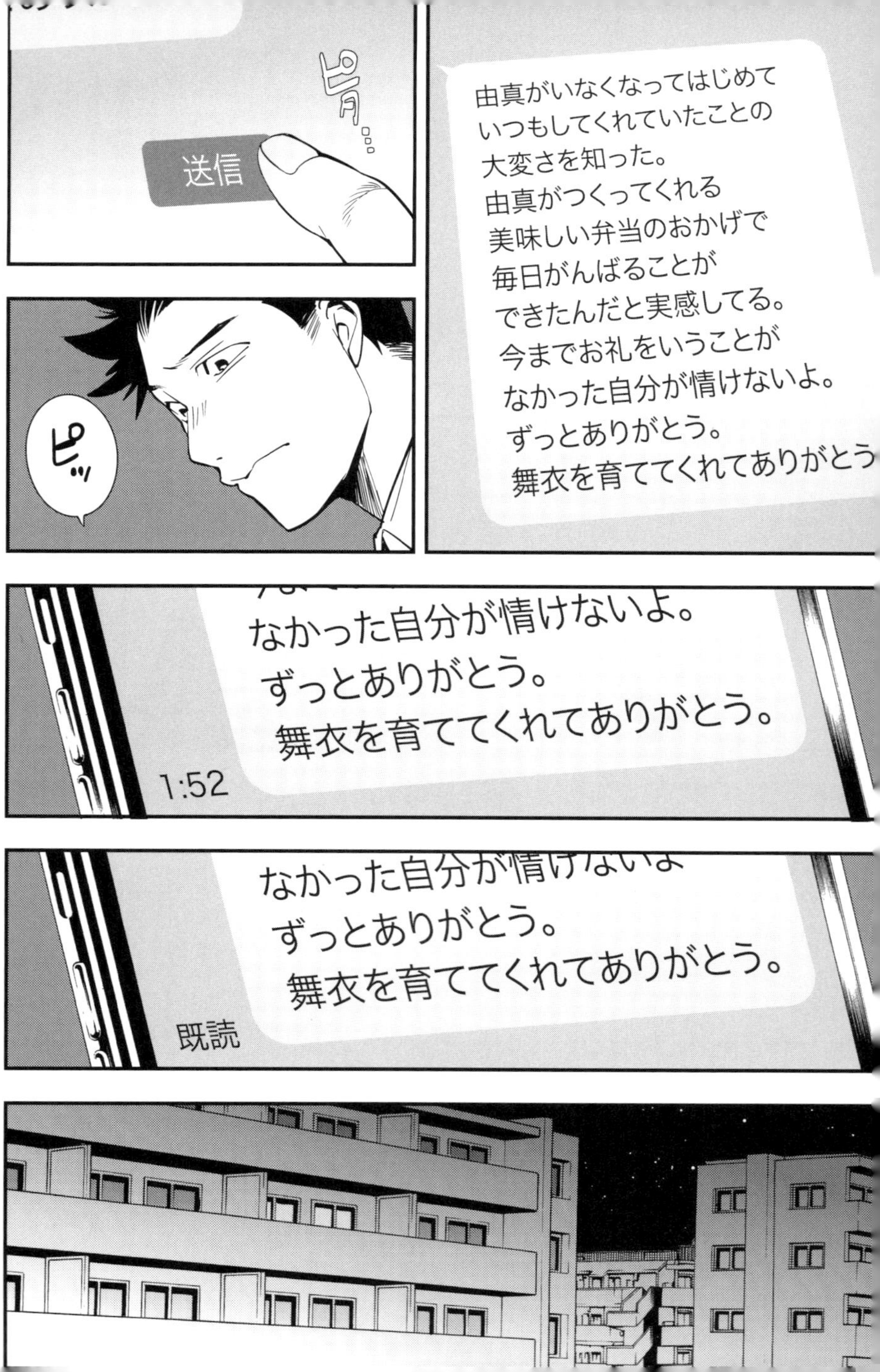
由真がいなくなってはじめて
いつもしてくれていたことの
大変さを知った。
由真がつくってくれる
美味しい弁当のおかげで
毎日がんばることが
できたんだと実感してる。
今までお礼をいうことが
なかった自分が情けないよ。
ずっとありがとう。
舞衣を育ててくれてありがとう
送信
ピッ
なかった自分が情けないよ。
ずっとありがとう。
舞衣を育ててくれてありがとう。
1:52
ずっとありがとう。
舞衣を育ててくれてありがとう。
既読

解説

さらに上級の「夫のプロ」を目指すなら

感謝するだけじゃなく、「名もなき家事」のひとつを、自分のタスクにしよう

妻は、夫が「名もなき家事」に気がついて、ねぎらってくれるだけで、かなり気が晴れるもの。さらに、その中のどれかひとつを、自分でやろうとする夫の気持ちが、さらにうれしい。

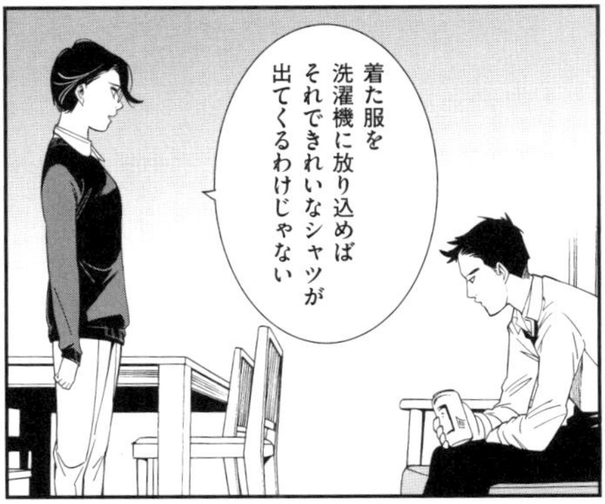
着た服を
洗濯機に放り込めば
それできれいなシャツが
出てくるわけじゃない

夫にもできそうな「名もなき家事」タスク

- お米を切らさない（妻にとっては重くて運ぶのが大変なので助かる。夫としては、毎日買ってくるものではないので、できそう）
- 猫砂やペットシーツを切らさない
- 冷蔵庫の製氷機の水を切らさない
- コーヒーを切らさない
- トイレの黒ずみを防ぐ薬を週1で投入する
- 毎朝、ペットに水やごはんをあげる

- 観葉植物に水をやる
- 洗面所の鏡をきれいにしておく
- 肉を焼く（あれこれ作業しているときに、集中してじっくりやる作業を任せられると助かる）
- 麺類をゆでる（これも同じ）
- コーヒーをいれる（これも）
- 寝る前にお米をといで炊飯器にセットする

自分の家だけの「名もなき家事」を発見して、引き受けられたら最高！

「アーッ」俺にはムリ！　と思う人には

とにかくねぎらうこと！

チリのように積もっていく妻の怒り。その大爆発をふせぐためには、とにかくねぎらって、感謝の気持ちを伝えること。

【例】

- 暑い夏にそうめんをゆでていたら「こんな暑いときに台所仕事は大変だよね。ありがとう」
- 休日いっしょにスーパーに買い物に行ったとき「赤ちゃんを連れていたら、牛乳１本だって買って帰るの、大変だよね。いつもひとりでがんばってくれて、ありがとう」
- 特になにもなくても「笑顔でいてくれてうれしいよ。ほっとする」

毎日でなくていい。かえってしらじらしいし。月イチでもいいので、心がけよう。

Lesson7
妻と子がケンカしたとき、
間違えるな！
ガチャッ
9時を過ぎたらスマホはリビングに置くと約束したでしょ
わかってるよ ウザいな 部屋に入ってくんな
お母さんになんて口きくの！
バッ
なにこの名前 闇乃亞Re沙……やみのありさ⁉
夜夢は、あふれる激情に耐えかねて
わず口を開いた。
おまえの気持ちは、ぜんぶ知っている
なぜならおまえは、俺のものだから。
夜兎は、残念な笑みを浮かべて囁い
「ダメッ！」
＜前へ
しおりをはさむ
次へ＞
闇乃亞Re沙 やみのありさ
読めないわよこんなの！
カ
あ
あなたには花江《はなえ》というかわいい名前があるでしょ！
あ

花江なんてダサい名前大嫌い！
ちょっと花江ちゃんっ
花江ちゃん！
朝も食欲なかったけどなにか欲しいものがあったら言ってね
うん　ありがとう買ってきてくれたゼリーまだいっぱい冷蔵庫にあるから大丈夫
AYA
今　ゼリーしか食べられないから
AYA
今晩は兄貴と食事してから帰るけどもしなんかあったら遠慮なく連絡してね
すぐ帰るから

明日には帰るんか
県庁も忙しいな
綾さんは元気か？
いっしょに来てもらって
よかったんやけど
早川孝《たか》宏《ひろ》
それが兄貴
実は……
へへ…
綾に子どもが
……
なんやて！
おまえの子かっ！
当たり前やろ
兄貴
ほかに誰の子やねん
そうか
母さんが聞いたら
よろこぶやろなあ
ずっと
心配してたから
じゃあ今
大変やろ？

まあな
女性は妊娠すると
循環血液量が
40%も増加して
鉄分不足になったり
ホルモン量も
変化して
厳しい時期やから
今は女友だちみたいに
接するようにしてる
おまえ……
いったい
どないしたんや?
俺たちって
男兄弟しか
おらへんやろ?
しかも父さんは
出張しがちやったから
親同士が
ぶつかっているところも
見たことなかった
そのせいで
夫婦の実態ってものを
よく知らんねん
だからこのところ
マニュアルみたいなものを
意識するようにしてる
おまえも
ちゃんと
考えてるんやな
はあ…
確かに女は
わからへんなあ
この歳になってもまだ
男の理解を超えた
まったく別の
生き物やと思うことあるわ
康子さんと
うまく
いってへんの?
いや
問題は娘や
思春期の娘は
難しいな
花江
ちゃんか
確かもう中2か
早いもんやなあ

なにを
話しかけても
「ウザい」
「うるさい」しか
答えへん
こっそり
小説を書いている
らしいけど
あんなボキャ貧で
大丈夫かと心配や
ただまあ
康子も口うるさい女やから
俺はつい娘の味方を
してしまいがちやけど
兄貴
その態度はあかん
康子《やすこ》さんが
かわいそうや！
なんやてっ!!
そういうときこそ
問答無用で
奥さんの肩を
持ったらなあかん
奥さんと子どもが
ケンカしたら
男はついなだめる側に
まわってしまうやろ
ギャァ
ギャァ
ギャァ
叱るにしても
「言うこと聞かないと
母さんに怒られるぞ」とか
いってしまいがちや
おまえ
俺の家を
のぞいてるんか！

男の子は空間認識能力が高く小さいころから「世界」を意識して生きてる
女の子のほうは4歳にもなればしっかりもう「自分」の気持ちを自覚するそうや
小さいころから「自分」と向き合うて生きてんねん
思春期にはその「自分」が大きくなりすぎてやり場がなくなる子も出てくる
すっかり肥大化した自我を身の丈にあった大きさにリサイズしてあげるのは男親にしかできへん仕事かもな
おまえ……すごいな……
いつの間にそんな……
ぽか〜ん…
いうたやろ？
ぐっ
勉強してるから

そこでビシッといわへんと女の子はいつまでたってもこじらせっぱなしやなにより康子さんに恨まれるで
ババーンと決めて息子の孝司《たかし》君にもパパのかっこええとこ見せたれ！男の見本を見せるんや！
がんばるわ！
確かに女の子って違うな
この間も「ママ体の調子悪い？」と聞いてたけど その後 嫁はん ほんまに熱出してたわ
本人の自覚がないうちから察してんねん 鋭いわ
小さくてもしっかりしてんねん
弟のほうはいつまでたってもゲームばっかりしてるけど

キキッ
じゃあな
綾さん大事にな
ありがとう兄貴も
ザワ
ザワ
ザワ
ガタン
ゴトン…
ガチャ
ただいまー

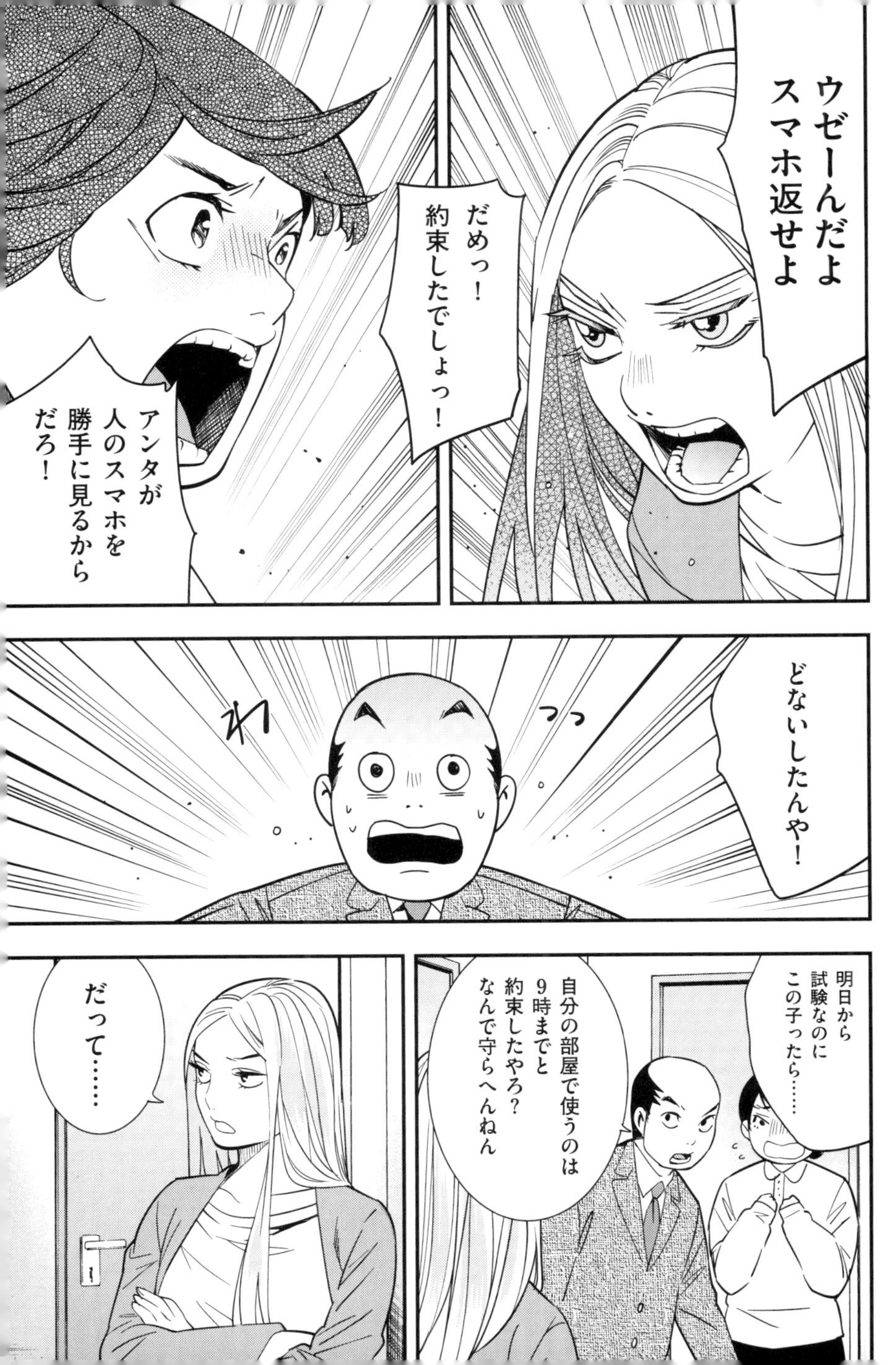

ウゼーんだよ スマホ返せよ
だめっ! 約束したでしょっ!
アンタが人のスマホを勝手に見るからだろ!
どないしたんや!
明日から試験なのにこの子ったら……
自分の部屋で使うのは9時までと約束したやろ? なんで守らへんねん
だって……

だってもなにもない！
この家はお母さんの家や！
そのお母さんにむかってさっきの口のきき方はなんなんや！
ビクッ
じわ…
お母さんはおまえのことを大切に思てるからいうてるんや
……っ
わかったな
コクッ
コト…
ガチャッ
花江
お母さんにいうことは？

ごめんなさい
ペこ…
姉ちゃんもこじらせすぎなんだよ
ほんと女って面倒くさい

こらっ おまえもいつまで ゲームやっとるんやっ
あなた……
おまえも 大変やな
おみやげ 買うてきたで いつも同じもんで 悪いけど
新大阪駅で 買うた豚まんや みんなで食べよ

ありがとう
にこっ
そうや
東京で雅樹と
食事したけど
綾さんに
子どもが
できたそうや
まぁ
おめでたい
お義母さんも
きっとよろこぶね

どうなんやろ？
花江のときは初孫でフィーバーしてたな
孝司のときだってすごかったけど……

解説

「母さんに怒られるぞ」はNG。あくまで妻の味方になること

自分が大切に思う人のことを考え、愛情と時間を注ぎたい。大切な存在のためなら、よくも悪くも「無条件」に、味方になれるのが女性脳。

一方、男性脳は、自分よりも、世界や社会の秩序に意識が向いています。妻と娘が対立したときに、ケースバイケースで、どちらが正しいかジャッジしたり、そもそも「そういうのは苦手」とばかりに、対立から逃げてしまったりしがち。

注意!!

だが、こうした態度は「えこひいき脳」の持ち主である妻には、裏切りのようなもの。

無条件に、妻の肩を持つべし

「妻が一番、大事だ」

この一言があれば、一生、夫と寄り添っていけるという妻も少なくありません。

娘も、どんなに反発していても、母親を大切にする父親を嫌うことはない。むしろ父親を頼もしく感じるものです。

あなたは、息子の「目標」になれるか？

自分が健康で、幸せな状態でないと子孫を残せない。そのために「自分」と向き合い、小さなころから「自分」を意識している女性脳。

一方、周囲の危険に注意を払う男性脳は、空間認識能力が高い。

男の子は、生後8ヵ月で、上空から自分のいる場所を眺める「鳥瞰《ちょうかん》」の目線を持つとされます。スポーツマンガによく出てくる「イーグルアイ」の能力です。小学生になれば、ドローンで撮影したような絵を、なにも見ないで描ける子どももいます。

また空間だけではなく、人間関係の位置、つまり「群れの中で、誰が上、誰が下か」という序列にも敏感。

だから家で、「妻に下に見られている父親」の姿を見せてしまうと、息子は自分の行き先に不安を感じ道に迷ってしまう。

しかし、ふだんはないがしろにしておいて、急に「息子の前では俺を立てろ」といっても、「ハイハイ」といってくれる妻はいません。

ブレない姿勢で、妻の味方でいる。この態度が妻の信頼を勝ち取り、最終的に、娘や息子の未来を幸せにすることになります。

おみやげを買って、家に帰ろう

「気がきく」といわれる男は、「おみやげ」を買って帰ります。別に高価なものである必要はありません。

男性脳は、初めてのデートでフルコースを予約したり、いきなり高めのプレゼントを用意したりしがち。そういうのは、むしろ「ドン引き」されます。ちょっと美味しいものでいいのです。「これ最近、インスタで人気なんだって」と、話題のコンビニスイーツでもいい。

ただ、プレゼントに「ものがたり」をほしがるのが女性脳。「わざわざ自分のために並んでくれた」「自分が前に食べたいと話したのを思い出して買ってきてくれた」という「ものがたり」があれば、かなりグッと来てくれるはず。

Lesson8 母と妻が対立。夫に「中立」は許されない

綾の実家には 赤ちゃんのこと まだ知らせなくて いいの？
うん…… 安定期に入ってからに しようかなと思って
うち お姉ちゃんが うまくいかなかったからさ お母さんをまた がっかりさせたくなくて
そっか まだ不安だよね 綾の気持ち わかるよ
こういうとき 男ははげまそうとして 「きっと大丈夫だよ」 などと いいがちだ
だけど妻は そんな言葉は 求めていない ただ不安に共感して ほしいだけなんだ
そりゃそうだよな 根拠もないのに はげまされても 重いだけだし
雅樹くん

ありがとう
私の気持ちに
寄り添ってくれて
それだけで
救われる
行ってきまーす
俺
「プロ夫」
やれてる
じゃん！

ピンポーン
お
お義母さん……!?
このところ
物流費がどんどん
値上がりしてるだろ
はい
そのしわ寄せがぜんぶ
うちみたいな
零細に来るからさ
納品も
俺が自分で
ぜんぶ回ってんだよ
この歳でだよ?
大変だよ

ほんと今 なんでも 値上がり してますもんね
ははは…
僕も妻に お小遣い 減らされて
あんたも かっ！
うちもだよ 母ちゃんに 「たまにはビール 飲ませてくれよ」と 頼んでも
「あんたには 発泡酒でじゅうぶんっ」
こんな おっさんの話を 聞いてくれて ありがとな
あんたみたいな 人と仕事するのは いい気分だよ
ありがとう ございます！
ペこ
ピコンッ

お義母さんが、いらっしゃったよ
AYA
母さんがっ!?
アポなしかよ!
母さん!?
お帰り
早かったね
おまえの好きな
芋の煮っころがし
つくってるから
ん…

来るなら来ると先に連絡してよ
そしたら迎えに行ったのに
孝宏から聞いて母さんうれしくてね
綾さんも大事な時期やし母さんがおまえの面倒を見てあげないとと思ってね
ああこの味だけは母さんじゃないと無理だな
ほっ…
ほら綾さんも食べて栄養をつけて
ニコ
ニコ

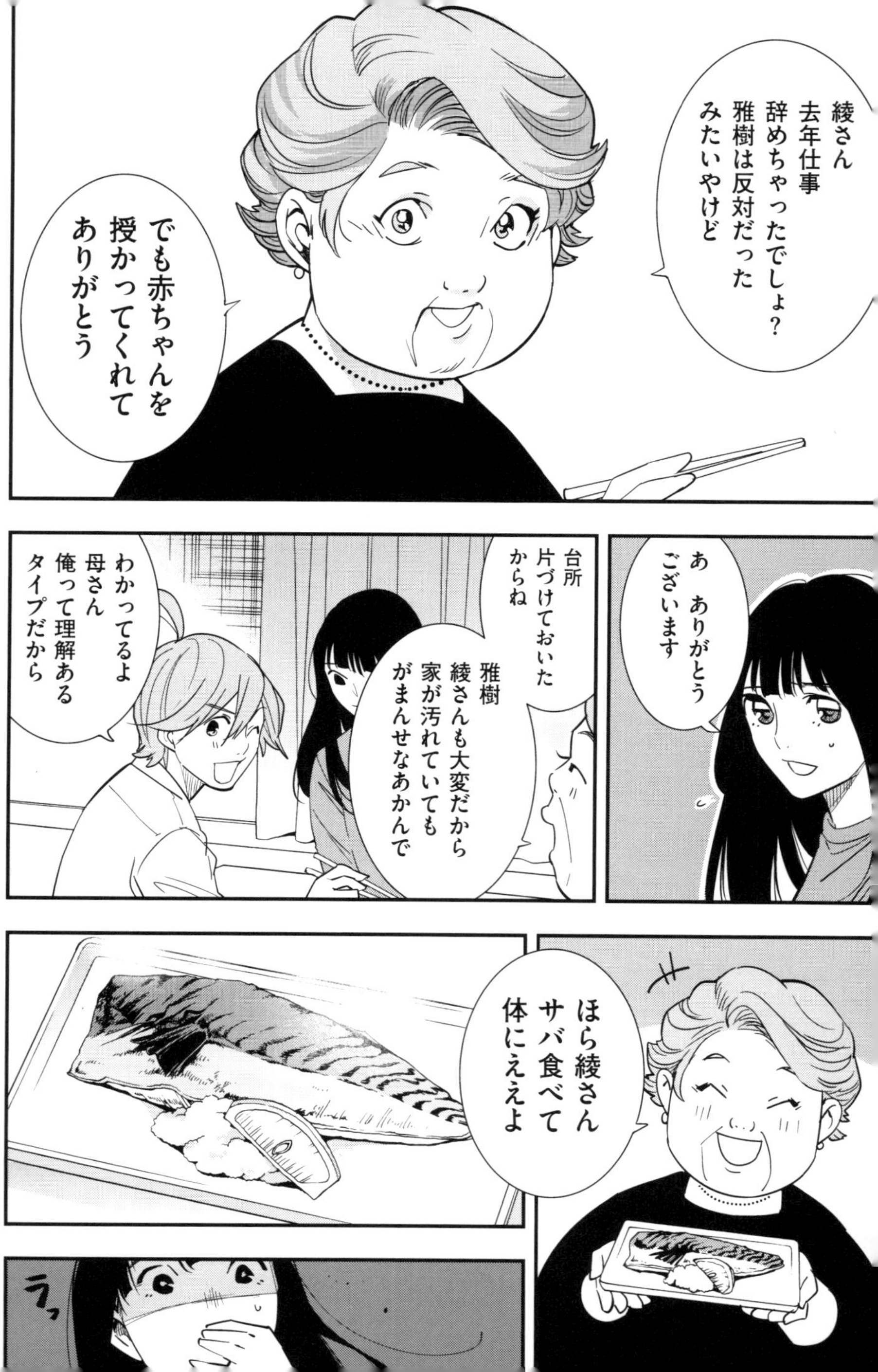
綾さん
去年仕事
辞めちゃったでしょ？
雅樹は反対だった
みたいやけど
でも赤ちゃんを
授かってくれて
ありがとう
あ　ありがとう
ございます
台所
片づけておいた
からね
雅樹
綾さんも大変だから
家が汚れていても
がまんせなあかんで
わかってるよ
母さん
俺って理解ある
タイプだから
ほら綾さん
サバ食べて
体にええよ

ごめんなさいっ
ガタッ
ジャー………
バタン
大丈夫？
母さんさ 1ヵ月くらい いてくれるって
雅樹くん
ごめん……
お義母さんに 帰ってもらって！
えっ？

本当に私 無理っ
帰れって 今すぐにかよ
俺の母さんだぞ そんなこと いえるわけないだろっ！
ごめんなさい
さっきだって あの態度は なんだ
母さんが 料理をつくって くれたのに
ごめん 私 つわりがひどく なっちゃって……
母さんは つわりは 病気じゃないって いってたけど

綾さん
新しいシーツどこ？
寝室のシーツ
交換しておいてあげる
じゃあ
私が出ていく
はいこれ
パンツ
母さん
寝室はいいよっ！
パンツも俺が
やるからっ！

あれ？
綾っ
綾ーっ！
発信中
AYA
ハァ
ハァ

ダメだっ
ピッ
ピッ
俺の母親が来たことで
妻が家を出てしまった
家庭内の「女女問題」は
男には見えません。

家具や物の配置を
ミリ単位で把握し
コントロールしている
女性脳
それだけに
自分のテリトリーを侵され
勝手に配置を変えられる
ことは女性脳にとって
大きなストレスなのです
嫁と姑だけじゃない
実の母と娘でさえ
この「テリトリーの
侵害問題」は起こります
俺はどうすれば
よかったんですか……
まえにもいった
でしょう?
女性は
自分を大切に
しないと
子孫を残すことが
できない
だから女性脳にとって
えこひいき
されることは
絶対の正義

母と妻の板挟みになったときにどっちつかずは許されない
上から目線で「お互いの思いやりが大事だ」とかお説教するのはもってのほか
どちらをひいきするのか?
決して忘れてはいけないのは妻の味方になれるのは夫だけだということ

もし奥さんの味方をして
それでお母さんに
「おまえ家事なんか
やらされてかわいそう」と
いわれたら
なにいってんだよ
母さん
脳科学的には
家事ができる男は
出世するんだぜ！
と　明るく
こたえましょう

完璧な人なんていない
男も失敗するし女も失敗する
大切なのは失敗してしまったときにどうするか？
あきらめて手放すのか？
どうする？

がんばって
ポン…
ピコッ
ベータテストが終了しました。
ご協力ありがとうございました。
メッセージ　1件
AYA:ごめんなさい

解説

実家は、自分にとっては「ホーム」でも、妻にとっては「アウェイ」であることを忘れるな！

「悪気はないんだ」は、言い訳にならない！

悪気のない「善意」こそが重荷になることも。よかれと思ってする「義母のアドバイス」ですが、それは妻にしてみれば、他のテリトリー（夫の実家）の常識。あまりポンポンいわれると押しつけがましく感じてしまうこともあります。夫の両親からいわれたことに傷つく、「嫁ハラ」という言葉さえ、出てきているほどです。

たとえば、
自分の働き方に口を出される。
今では古くなった育児法を押しつけられる。
「太った？」など体型について指摘される。
「孫の顔を早く見たい」などといわれる。
世の中は急激に変化しています。こうした言葉を口にするほうに悪気はなくても、価値観の違いのために傷つくこともあるのです。

実家ストレス解消の鍵は夫

自分のテリトリーを大事にする女性脳。ほかの人が自分の台所に入ることさえ、嫌がる人もいるくらいです。
だからこそ姑と嫁は距離感が難しい。妻にしてみれば、どんなに仲良くしたいと思っていても、夫の母のテリトリーに入っていくのは気を遣うものです。「約2人に1人がパートナーの実家へ帰省することにストレスを感じている」というレポートもあるくらいです。

夫にとって実家は、自分が育った「ガチのホームグラウンド」。しかし妻にしてみれば「がっつりアウェイ」であることを理解しよう。

「あなたは楽にしていてね」といわれても、本当になにもしないでいいのか？「アウェイ」にいる妻としては、とにかく気を遣うところです。

男の「鈍感力」を発揮して、妻がいいづらいことは、どんどん自分から言葉に出していきましょう。

●母親に「俺と綾も手伝うよ」と声をかけたり、あるいは妻に「母さんがいってるんだから、俺たちは遠慮せずに休もうよ」と声をかけて、さりげなく妻を

「ホーム」に迎えいれてあげよう。

たとえば食事に苦手なものが出てきても、妻の立場では「私、これ苦手なんで残していいですか？」などとは、なかなかいえないものです。

そこで、

● 妻が苦手なものが出てきてしまったら「あっ、俺、それ食べていい？」という感じで助けよう。

● 「母さん、綾は魚、苦手なんだよ。今度から別のにしてあげてよ」と明るく代弁して、場をゆるくするのもアリ。

自分も働いていたりすると、お盆やお正月は、家族水入らずで、気を遣わずに過ごしたいのが妻の本音。

夫にしてみると、落ち着く実家に帰って、つい妻を置いてけぼりにして、思い出話で盛り上がったりしがちですが、実家にいるときこそ**「妻ファースト」**の心を忘れずに。「アウェイ」の中で、妻の味方になれるのは、夫だけなのです。

Lesson9
この人といっしょに生きていきたい
こんなに遠くまで来て体によくないよ
雅樹くん……
見て金木犀の花がこんなに咲いてる

金木犀って
本当にこんなに
大きくなるんだよね
初めて見たときは
想像できなかったよ
ごめ
ごめんなさいっ！
私
混乱して
どうしようも
なくなっちゃって
気がついたら
ここにいたの
俺のほうこそ
ごめんっ
赤ちゃんができて
大変な時期なのに
綾のこと考えてなかった

お義母さんは……？
帰ってもらったよ
今日はホテルに泊まるって
これからは来るまえにちゃんと連絡してってっていっといたよ
……
母さんも綾に悪いことしたと謝ってた
悪気があってのことじゃなかったって
知ってる
ここで雅樹くんとのこと思い出してた
私雅樹くんでよかった
なんだよそれ

雅樹くんといっしょでよかった
早く帰ろうお腹によくないよ
もう少しだけこうしていたいな

ガチャ…
じわ…
ガチャ
パパ おかえりなさい！

ああ
ただいま
カバン
玄関に
置かないでねっ！
はいっ
パパ

よかったね
ママが帰ってきて
おまえはほんとママにそっくりだな
最高のお嫁さんになるぞ
半年後
ス…

奥さん
がんばってるね
はい……
立ち会って
あげないの？
妻が
見てほしく
ないと……
でも行って
あげたら？
手を握って
声をかけて
あげたら？
あなたも
そうしたいの
でしょう？
ガッ
そうですよね！

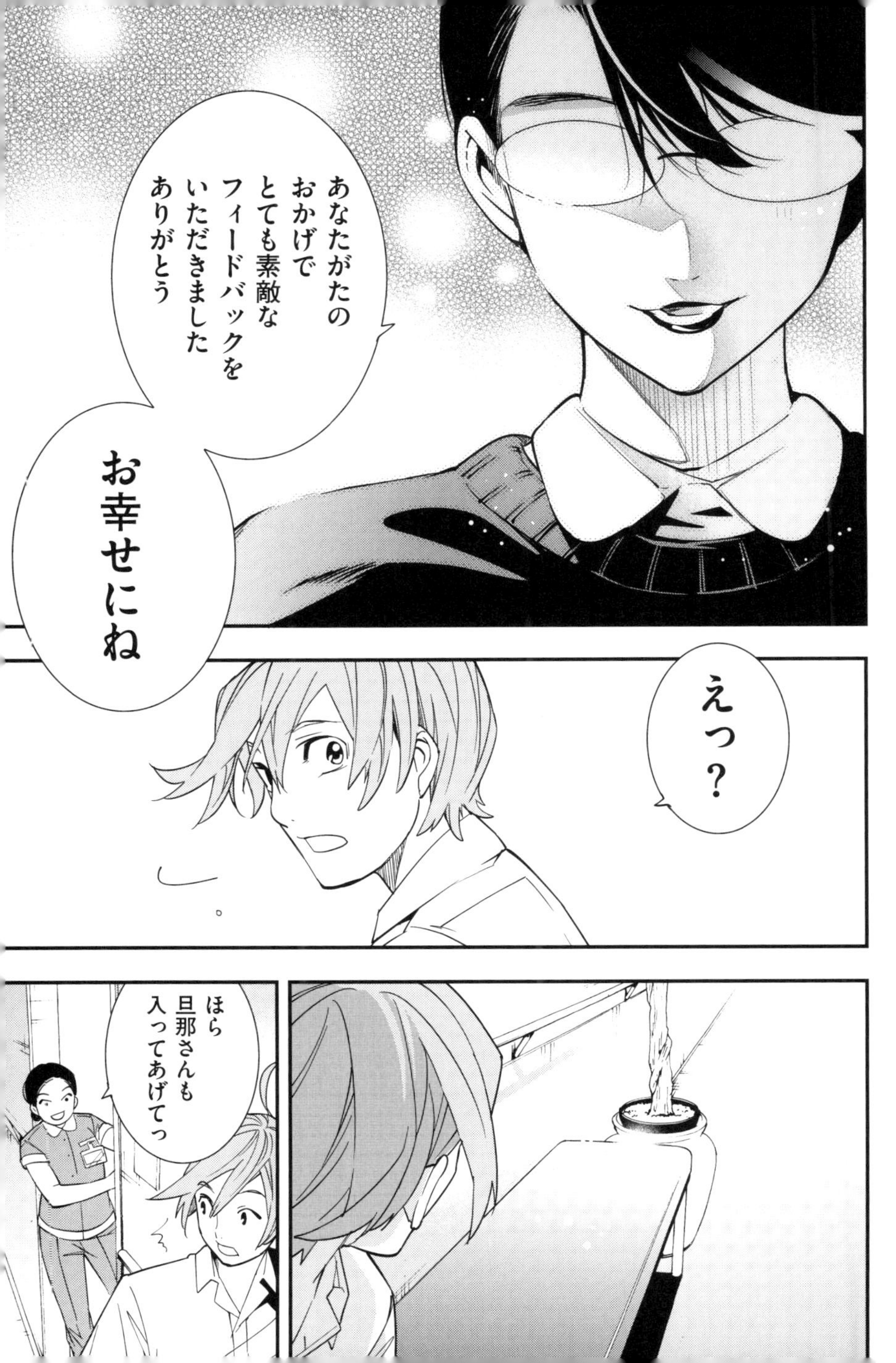
あなたがたのおかげでとても素敵なフィードバックをいただきましたありがとう
お幸せにね
えっ?
ほら旦那さんも入ってあげてっ

1年後
天然水
だより

ねえ
雅樹くん
ん?
この子が
2歳になったら
私 働こうかな
そっか

大変な
世の中だけど
俺たち
ふたりだったら
がんばれる
うん

雅樹ーっ

「あのとき、
手放さないで本当によかった」

「この人といっしょに
生きていきたい」

「まんがでわかる
妻のトリセツ」
おわり

おわりに
本当にいい夫の条件

もしあなたがこの本に出てきた「妻のトリセツ」を完全に実行しても、「理不尽な妻」から放たれる弾をゼロにすることまでは、実はできません。

でも、それでいいのです。

なぜなら、脳科学から見ると、本当に「いい夫」とは、正しくマニュアルを実行する「完璧な夫」ではありません。むしろときにはやらかして、妻に怒られる夫なのです。

仕事ができてイケメン。家事もよろこんで分担し、仕事のグチなんかぜんぜんいわないのに、優しい言葉は口にする。もしそんな夫といっしょに暮らしても、幸せは、長く続かない。
「いい人すぎてダメだって⁉　女って、どこまで理不尽なんだよ！」と思われるかもしれませんが、それもちゃんと科学的な理由があるのです。
なぜなら人の脳は、他者とぶつかってはじめて、自分を感じるものだから。
考えてもみてください。世界になにもなくて、ただ自分だけがいるとしたら？　声を出しても誰も応えてくれず、手を伸ばしても、なにもさわれない。けとばしても反応がない。そんな世界は「なんのストレスもないことがストレス」という、ディストピアです。
誰かとぶつかってこそ、自分を感じることができる。
誰かとぶつかってこそ、自分も変わることもあるし、相手も変わったりする。そうしたときこそ「自分は、確かに、ここにいる」と感じることができるのです。
逆に、なんにもぶつからない相手は、パッと見、理想的に見えますが、実は満足度は必ずしも高くないのです。

だから、「手間のかかる相手」もまた、脳にとっては愛おしい。

大切なのは「完璧」であることではなく、互いに理解し、変わること。「お互いがいるおかげで、ふたりの人生が少しでもいい方向に向き、相手から感謝されたりすること」

男と違って、日々、生活の中で複雑なタスクを走らせている妻は、ただ生きているだけでモヤモヤがたまる。その上、子どもができて、子育てをしている女性は、ホルモンバランスが激変しストレスが大きい。

そこでまんまと夫がやらかしてくれると、女性脳は、気持ちよくストレスを「放電」できる。

この女性脳のストレスは、夫の6倍近い家事や、「家族への気くばり」のために、たまったもの。

もしあなたがやらかして、怒られたとしても、それはそれで意味はあるのかもしれませんよ。

完璧な夫である必要はない。
完全な人などいない。
男もやらかせば、女もやらかす。
やらかしてしまったときは、「トリセツ」を。

黒川伊保子

1959年、長野県生まれ。人工知能研究者、脳科学コメンテイター、感性アナリスト、随筆家。奈良女子大学理学部物理学科卒業。コンピュータメーカーでAI（人工知能）開発に携わり、脳とことばの研究を始める。1991年に全国の原子力発電所で稼働した、“世界初”と言われた日本語対話型コンピュータを開発。また、AI分析の手法を用いて、世界初の語感分析法である「サブリミナル・インプレッション導出法」を開発し、マーケティングの世界に新境地を開拓した感性分析の第一人者。『妻のトリセツ』（講談社）、『定年夫婦のトリセツ』（SBクリエイティブ）、『女の機嫌の直し方』（集英社インターナショナル）6など著書多数。『夫のトリセツ』（講談社）近刊予定。

【シナリオ】堀田純司

作家、漫画原作者。上智大学文学部ドイツ文学科卒業。在学中より編集者として働きはじめ、後に自身の著作も刊行するようになる。主な著書に『僕とツンデレとハイデガー』（講談社）、『“天才”を売る 心と市場をつかまえるマンガ編集者』（KADOKAWA）などがある。編集者としては『生協の白石さん』（講談社）、『ガンダムUC証言集』（KADOKAWA）などの書籍を企画、編集している。日本漫画家協会員。

【漫画】井上菜摘

漫画家。2012年「ミスター・ビューティー」で「週刊少年マガジン」第89回新人漫画賞特別奨励賞を受賞。2014年「週刊少年マガジン」にて「阿部のいる町」（原作 宮島雅憲）の作画担当としてデビュー。主な単行本に『ウチにテレビはありません』（原作 オクショウ／秋田書店）、『改造公務員リーパーズ』（原作 田中鹿輔／ナンバーナイン）がある。『天泣のキルロガー』（原作 菅原敬太）を「漫画アクション」（双葉社）にて連載中、単行本第１巻は10月刊行予定。

まんがでわかる
妻《つま》のトリセツ

2019年9月26日　第1刷発行

編著……………………黒川伊保子《くろかわいほこ》
シナリオ………………堀田純司《はったじゅんじ》
漫画……………………井上菜摘《いのうえなつみ》

発行者…………………渡瀬昌彦
発行所…………………株式会社 講談社
東京都文京区音羽2丁目12-21［郵便番号］112-8001
電話［編集］03-5395-3522
［販売］03-5395-4415
［業務］03-5395-3615
印刷所…………………株式会社新藤慶昌堂
製本所…………………株式会社国宝社

Printed in Japan
ISBN978-4-06-517607-8　20cm